いくらかな？ 社会がみえるねだんのはなし **3**

くらしと教育のねだん

藤田千枝 編　菅原由美子 著

大月書店

くらしと教育のねだん
もくじ

卵1個、いくらか知ってる？ 3

ビッグマック、いくらかな？ 7

犬や猫を飼うのにいくらかかる？ 11

携帯電話の電波は、いくら？ 15

道路1キロつくるのに、いくらかかる？ 19

電車1両、いくらする？ 23

教科書はタダ？ 27

学校の机、いくらかな？ 31

国立大学の授業料は、いくらする？ 35

ノーベル賞の賞金、いくらかな？ 39

最低賃金って、知ってる？ 43

選挙で使われる税金はいくら？ 47

国会議員って、いくらもらえるの？ 51

●出典と参考文献　55

> 卵1個、いくらか知ってる？

30年前も今も
1個平均 **24円**

ケージを重ねた養鶏場

「ケージ飼い」今は、エサも、卵も、フンも自動的に運ばれるしくみになっている。

平飼いからケージ飼いへ、ひとつの養鶏場で10万羽以上

　左上のグラフのとおり、30年前から卵1個のねだんはほとんど変わっていない。日本人は1年間に1人約300個分の卵を食べ、卵を産むための鶏は日本全体で約1億4000万羽も飼われている。

　だが、鶏を飼って卵を生産する農家の数は、30年間で50分の1に減っている。1軒で飼う鶏の数が増えたからだ。

　昭和30年代、アメリカから1～2羽を30cm四方くらいのカゴに入れて飼う「ケージ飼い」（左下の写真）が輸入された。小屋のなかを自由に動き回る「平飼い」にくらべ、ケージを重ねることができるので、同じ面積でたくさんの鶏が飼える。1羽ずつ管理ができて、フンがケージの下におちるので衛生的だと、日本で急速に普及した。

　その後、エサを与える作業や掃除などが自動でおこなわれ、産んだ卵は転がってベルトコンベアまで行き、専用エレベーターなどを経て集卵室に運ばれるなど機械化がすすんだ。風や光の調節をコンピュータで管理する大きな鶏舎もできて、1軒で飼える鶏の数はますます増えている。

　現在、10万羽以上飼育する農家は347戸あり、そこだけで鶏全体の70％以上を占めている。こうして少ない農家で効率よく大規模に飼育していることが、卵のねだんが変わらない理由のひとつだ。

鶏の幸せ※を考える「ケージフリー卵」

　鶏に苦痛を与えるからと狭いケージで飼うのを禁止する国がある。ケージで飼われていない鶏から産まれた卵を「ケージフリー卵」と表示し、ねだんが高くても、買う人が増えている。マクドナルドは、イギリスやスイスではケージフリー卵しか使っていないが、数年後にはアメリカやカナダでもケージフリー卵に変えると宣言している。

※鶏の幸せ：アニマルウェルフェアといって、家畜にできるだけストレスのない生活を保障すること。

卵1個、いくらか知ってる？

鶏は1年に280個もの卵を産む

卵を産む鶏1羽が1年間に生み出す利益は、約440円だ。鶏を育てて、卵を産ませるためにはいろいろな費用がかかる。いちばん多いのがエサ代だ。エサは「配合飼料」といって、トウモロコシや油かすなどをまぜてつくったものを飼料会社から買っている。その原料のほとんどは輸入にたよっていて、日本は毎年、エサ用に約1200万トンものトウモロコシを輸入している。だから、世界のトウモロコシなどのねだんがあがるとエサ代があがり、卵のねだんにも影響がでる。

次にお金がかかるのは、ヒヨコ代だ。ヒヨコを売る会社から買ってきたヒヨコに病気予防のワクチンを接種し、抗生物質などの入ったエサを与えて育てる。生まれて4か月半くらいから卵を産みはじめ、1日1個、1年に280個ぐらい産む。その後、卵を産む数が減ってきて、売り上げよりエサ代や電気代などのほうが多くなると、飼うのをやめる。3万羽飼っていたら、3万羽を一度に廃棄する。農家は、その時期にあわせて次のヒナを購入して、準備しておく。廃棄された鶏は、スープのだしなどに使われている。

もとのヒヨコは世界中で2社だけがもっている

ヒヨコを売っている会社は「大きい卵を産みますよ」「たくさん産みますよ」などと、いろいろな特徴のあるヒヨコを産ませて売っている。こうした会社も、ヒヨコの親やその親の鶏を外国の会社から買って育てる。卵を産む鶏のおおもとの親は「エリートストック」と呼ばれ、世界中でドイツのEWグループとオランダのHGグループだけがもっている。養鶏場の鶏はたいていその「ひ孫」にあたる。日本人が食べる卵の95％は日本の農家が生産したものだが、エサや親の輸入も考えると卵の食糧自給率はほぼゼロに近くなる。

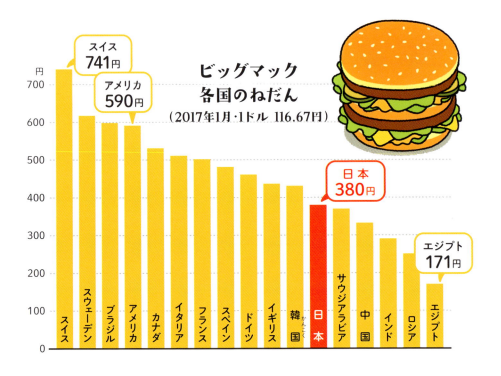

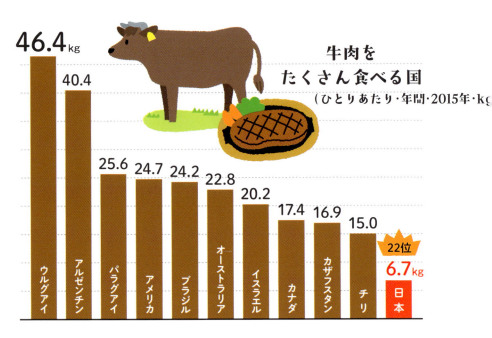

マクドナルドのねだんは各国の物価の目安

　マクドナルドは世界100か国以上にあって、材料には、パン、牛肉、野菜などいろいろな材料が使われている。そのねだんには、はたらく人の給料や材料を運ぶお金もふくまれていて、その国の物価やお金の価値の目安になる。そのため、イギリスの出版社が世界55か国のビッグマックのねだんを毎年発表しているのだ。左上のグラフを見ると、最高と最低で4倍以上も差があることがわかる。

　インドでは牛は神聖な生き物なので、牛肉のかわりにとり肉が使われているが、そのほかの国では牛肉のパテが使われている。世界で、13億5100万頭の牛が飼われているが、森林を切りひらいて牛を育てる牧場にしていることが多い。南米のアマゾンの熱帯雨林が減っている原因の7割は、牛の牧草地のためである。

2050年までに日本の6倍の森が消える!?

　WWFは、2015年にとくに破壊の進む世界の11か所を「破壊最前線」に指定した。インドネシアのスマトラ島では、パーム油や紙のために自然林の半分以上がすでに失われ、ボルネオ森林破壊地帯では、2020年までに現在の4分の1未満になる可能性を指摘する。何もしなければ2050年までに日本の6倍の面積にあたる2億3000万ヘクタール以上の森が世界からなくなると予測している。

　アマゾンでは2014年8月以降、一度は止まった破壊が加速している。アマゾンの熱帯雨林は、1日約200億トンの水蒸気を出していて、地球全体の気候にも影響をおよぼしている※。

※ WWF：世界自然保護基金
※パーム油：アブラヤシの実からとれる油。日本人1人年5kgを消費している。
　　　　　（チョコレートやマーガリンに使われている）
※森のはたらきについては1巻を参照。

ビッグマック、いくらかな？　9

優秀なオスの精子は ストローに入れて日本中に運ばれる

日本では、99％の牛が雄牛（オスの牛）の精子を雌牛（メスの牛）の子宮に入れて受精させる方法で増やされている。雄牛の精液は、ストローの形をした容器に入れて、冷凍保存して売られている。液体窒素の保存容器に入れてかんたんに運ぶことができるので、1頭の雄牛の精子から何万頭もの子牛を産ませることができる。おいしいと人気のある牛の精子は、日本全国に運ばれ、海外にも輸出されている。

シャーレのなかで肉がつくられる

世界で一番牛肉を食べるのは、ウルグアイやアルゼンチン、そしてアメリカやブラジルで（8ページ下のグラフ）、日本の4倍～8倍も食べている。現在約70億人の世界人口は、2050年には90億人を超えるといわれている（国連発表）。ほかの国でも牛肉の消費量が増えて、2050年には今の2倍の肉や魚などのタンパク源が必要になり、食料が足りなくなると予想されている。

2013年、実験室のシャーレのなかでつくられた牛肉のハンバーガーの試食会が行われた。牛の幹細胞（いろいろな細胞になるもとの細胞）のなかの筋細胞を取り出して増やし、1個の細胞から1兆個もの細胞をつくり出し、その肉を使っているのだ。

この技術がすすめば、動物の命をたくさんうばわずに、森林を破壊して牧草地を増やさずにすむと期待する人もいるが、そうした技術にたよらない方法を研究している人もいる。

犬や猫を
飼うのに
いくらかかる？

猫の必要経費
1年間で
約16万円

犬の必要経費
1年間で
約34万円

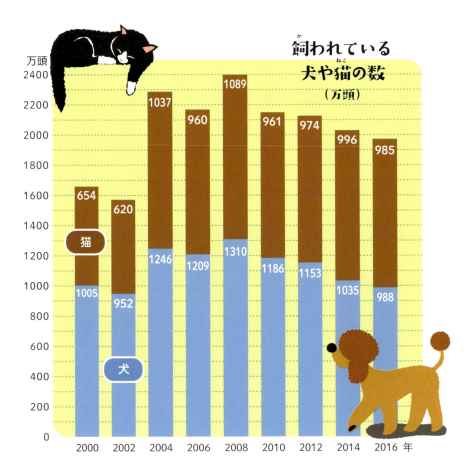

年間9万頭の犬や猫が殺処分されている

　日本では、犬が988万頭、猫は985万頭で、合わせると2000万頭近く飼われている（左上のグラフ）。約4分の1の家庭が犬か猫を飼っている計算になる。

　1970年代には100万頭以上の犬や猫が保健所や愛護センターに引き取られ、96％が殺処分されていた。引き取られる犬や猫は年々減っているが、その1割が飼い主が持ち込んだものだった。

　2013年に動物愛護管理法という法律が改正されて、飼いはじめたら死ぬまで飼うことが「義務」となった。これまで自治体は、飼い主がペットの高齢化や病気を理由に引き取りを求めてきたら受け入れることになっていた。しかし、この法律ができて拒否できるようになった。また、犬や猫をすてたら100万円以下の罰金だ。

　保護センターの犬や猫を新しい飼い主に手渡す活動をしているNPOも多く、殺処分される犬や猫は減ってきた。それでも、2016年に、犬1万6287頭、猫7万6369頭、合計9万2656頭が殺処分された。

　犬や猫を飼いたいときに、保護された犬や猫の里親になることがもっと身近なことになればいいと思う。

災害で避難するときにペットをどうするか

　災害が起こったとき、ペットをおいていくのか、連れていくのか迷う。ペットと離れてしまうことが多かった東日本大震災などの経験をもとに、環境省は、ペットを連れて避難することをすすめている（「災害時におけるペットの救護対策ガイドライン」）。離れてしまうとあとで保護するのが大変なこと、死んでしまうかもしれないこと、野犬となって繁殖してしまうことなどが心配されるからだ。災害時にペットを安心して連れていくことができるよう、ふだんからしつけをして、ペット用の防災用品を準備しておくことも必要だ。ただ、これは避難先で同じスペースで過ごせるという意味ではない。市区町村ごとに状況がちがうので事前に確認が必要だ。

犬や猫を飼うのにいくらかかる？　13

飼われている犬や猫の8割は室内で生活し、寿命が延びている

そもそも、猫はネズミをとるために、犬は番犬として、人の役に立つ動物として飼われていた。現代では、家族の一員と考える人が増えている。飼い方も変わり、以前は外で飼う家庭がほとんどだったが、ペットが飼えるマンションも増え、今では犬や猫の8割が家のなかで飼われている。こうして、家族とともに室内で過ごすようになり、予防接種や予防薬、ワクチンも普及したこともあって、犬や猫の寿命は延びている（12ページ下のグラフ）。猫の場合、室内で暮らす場合は15.81歳、室外は13.2歳という調査もある（2016年）。

犬や猫も高齢化・介護の時代

2016年の調査では、飼われている犬の4割、猫の3割が10歳以上の高齢である。高齢の犬や猫も、人間と同じように、心臓や腎臓の病気になったり、認知症にもなるし、足が弱くなることや、寝たきりになることもある。

散歩は犬の楽しみでもあり、歩かないと筋肉はどんどん衰えるので、歩くのを助けて散歩ができるよう補助する道具がある。爪や足の裏を傷つけないためにはくブーツ、弱って歩きにくい後ろ足や前足を支えて補助するハーネス、体に取り付けて足の代わりに車輪を使う車いすなどだ。

また、夜中にずっと鳴いている、動きまわる、排泄がうまくできないなどペットの介護は大変だ。飼い主の生活が苦しくなったり、飼い主が高齢で介護ができなくなることもある。まだ数は少ないが、どうしても飼えないペットを預ける「老犬ホーム」という施設ができている。一時的に預かることも、死ぬまで預かることもできる有料の施設だ。

携帯電話の電波は、いくら？

携帯電話1台につき、年間450円払っている

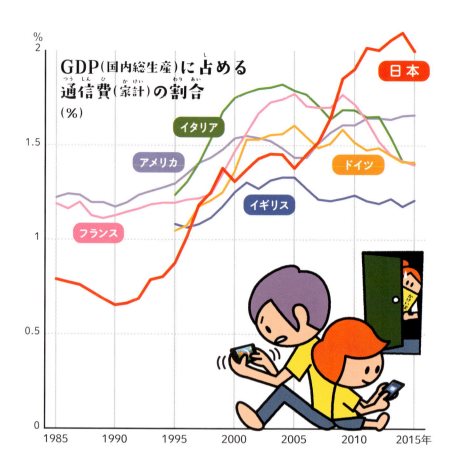

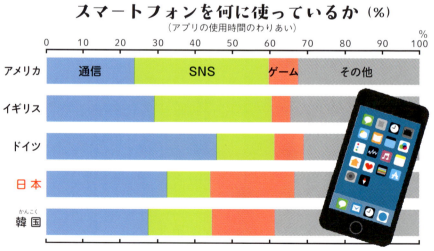

電波は勝手に使えない、国の許可が必要

　電波は自然のなかにとんでいて、見えないし、感じることもできない。この電波を人が利用しはじめたのは、1895年にイタリアで無線通信が成功してからである。日本では1925年にラジオ放送がはじまった。

　電波は周波数（電磁波が1秒間に振動する回数）によってちがう性質をもっているので、ラジオ、テレビ、携帯電話などでそれぞれちがう周波数の電波を使っている。もし、電波が勝手に使われると同じ周波数の電波がまざってしまい、緊急車両などに支障が出たり、携帯電話やテレビ、ラジオ放送ができなくなってしまう。そうした事故をさけるために、電波は国が管理し、周波数を勝手に利用できないようになっている。

　国は周波数を利用者に割り当てて、電波利用料をとっている。そのお金で電波を監視するシステムを整備・運用している。利用料は、テレビ局、ラジオ局、携帯電話会社などが総額700億円払っている（そのうち携帯電話会社は446億円で約64％）。利用者である私たちも携帯電話料金から年間1台につき450円を国へ払っているのだ。

1年間で30万年分の情報量を超えた

　スマートフォンは、電話ができる小さなパソコンだ。インターネットにつないで情報を得ることも、発信することもできる。グループでLINEをすることもできるし、目覚まし時計にも、辞書にも、財布にも、アルバムにもゲーム機にもなる。

　カリフォルニア大学のピーター・ライマン氏によれば、パソコンやスマートフォン（スマホ）の普及によって、2001年から2003年までの3年間の文字、画像、音声などの情報量は、人類が30万年（1999年時点）かけて蓄積してきた全情報量を超えたという。

　いろいろなことをするには、アプリという仕事を命令するソフトが必要だ。アプリはタダであることも、お金がかかることもあるが、日本の家計に占める通信費の割合は、世界でいちばん高い（左上のグラフ）。

携帯電話の電波は、いくら？　17

「スマホうつ」という病気がある

　インターネットは、そこにあげた写真や情報などから、家や学校が知らない人に特定されてしまう危険や、知らない人とのメールのやりとりで犯罪に巻き込まれてしまうことがある。

　日本は、ほかの国にくらべてスマホをゲームにつかう時間が長い（16ページ下のグラフ）。スマホを使うときに、首が下がって不自然な姿勢になることが多いが、長時間この姿勢を続けると、首や肩がこって、自律神経のはたらきがうまくいかなくなる。悪化すると「スマホうつ」という病気になることがある。また、ゲームやメールへの依存症も深刻な問題だ。

 ## 災害救助に役立っているスマホ

　一方、災害のとき、スマホは被災の状況などを知る大切な手段となっている。電話を一度に使うと回線がいっぱいになって使えなくなるので、携帯電話会社は音声の電話を規制する。メールやインターネットのほうがつながりやすく、ツイッターで助けを求めることも、どこで誰が何を必要としているのかを知ることもでき、災害救助に役立っている。

　熊本地震ではじめて運用されたのは、「ファイブゼロジャパン」で、災害が起こったときに、Wi-Fi事業者のもっている110万スポットを開放して無料で使えるようにするしくみだ。00000JAPANという番号は、Wi-Fiのネットワークの選択の一番上に表示されるように0が5つ続いている。

　情報のなかには、まちがっているものもある。2016年の熊本地震のときには「動物園からライオンが逃げた」というウソを流して逮捕された例もある。また、悪意はなくても不確かな情報を流すことは混乱をまねく。発信する側も、受け取る側も確かな情報かどうか確認することが大切だ。LINEの「既読」マークは、相手がメールを読んだことがわかるように、緊急時を考えてつけた機能だ。LINEや各電話会社が、緊急のときの利用方法を冊子やサイトで知らせている。

18

道路1キロつくるのに、いくらかかる？

東京外環道
1キロ 約1000億円

東京外環道（幸魂大橋）

🐻 ガソリン税で道路をつくっている

　第2次世界大戦が終わったとき、日本の道路で舗装されていたのはわずか1.2％だけだった。経済の発展のためには、物資を早く、たくさん運べるように、日本中に道路網をはりめぐらせる必要があった。1956年、アメリカのGHQの命令で「道路維持管理5カ年計画」がたてられたのをスタートに、日本は11回にわたって道路建設5か年計画をつくり、国をあげて道路をつくってきた。

　道路をつくるにはお金がかかる。ガソリンや自動車に税金をかけて、道路にだけ使う法律がつくられた。そしてお金を借りて道路をつくり、通行料金を集めてお金を返していく「有料道路制度」のしくみも生まれた。こうして、東京オリンピックの前の年、1963年に日本初の高速道路「名神高速道路（栗東―尼崎）」が開通した。

🐻 自動車専用道路は、どこからでも車で1時間で利用できる

　道路には、国道、都道府県道、市区町村道がある。それぞれ国、都道府県、市区町村が管理している。全国にまたがる国道は、国や各都道府県（政令市）が管理する道路で、国道1号から507号まであって、都道府県の県庁所在地と、政治・経済・文化のうえでとくに重要な都市を結んでいる。国道には右下の図のような青い標識がとりつけられている。

　国道には人が通れる道もあるが自動車専用の道路があって、高速道路とあわせて「高規格幹線道路」と呼ばれている。すべての都市・農村地区から車で1時間くらいで利用できるように、全国に約1万4000kmが網の目のように整備されている（左の日本地図）。

国道1号の標識

道路1キロつくるのに、いくらかかる？　21

赤い「止まれ」の標識

黄色い「落石注意」の標識

高速道路の緑の標識

道路表示。横断歩道は白色、速度制限や追い越し禁止は黄色

道路標識にも信号機と同じように赤、黄、青がある

　道路には交通の安全のために信号機や道路標示、標識などがある。種類によってちがうが、国や都道府県などの道路の管理者や、都道府県の公安委員会が設置している。

　昭和の初めのころまでは、警察官が交差点に立って手や看板を使って交通整理をしていた。日本で最初に電気信号機が設置されたのは、1930年、東京の日比谷交差点で、歩行者に信号機の色の意味を理解してもらうために、「ススメ」「チュウイ」「トマレ」と文字が書かれていた。

　道路標識は、「止まれ」などの規制には赤色が使われている。赤は人の注意をひく色で消防車も赤い。道路案内などには青色、急カーブやすべりやすいなど注意をうながす標識には前に飛び出して近く大きく見える黄色が使われている。高速道路の標識には、速いスピードで走っていても読みとりやすいように緑色が使われている。

　道路にペイントで書く道路標示は、規制を表すものは黄色で、指示を表す標示は白色で書くと決められている。

> 電車1両、いくらする？

新幹線16両編成で約40億円

新幹線、H5系（仙台駅）

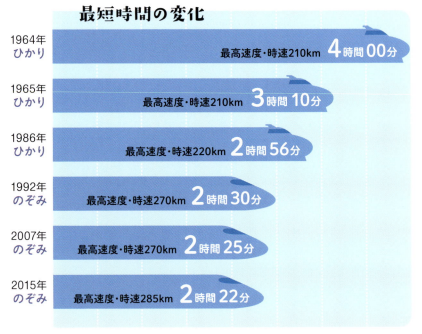

新幹線の線路、1kmあたり約70億円

　新幹線の車両は1両2億円〜3億円で16両編成だと約40億円になる。線路の建設費のほうは、北陸新幹線高崎〜長野間の117kmで約8300億円、1kmあたり70億円かかっている。

　1日あたりの利用者は、東海道新幹線がいちばん多く43万人、いちばん少ないのは北海道新幹線の6300人だ（下のグラフ）。

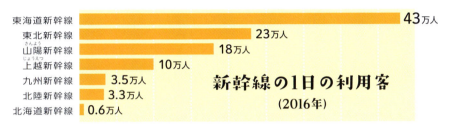

新幹線の1日の利用客（2016年）

東海道新幹線　43万人
東北新幹線　23万人
山陽新幹線　18万人
上越新幹線　10万人
九州新幹線　3.5万人
北陸新幹線　3.3万人
北海道新幹線　0.6万人

1日に乗り降りする人の数は新宿駅が世界1位、345万人

　日本は鉄道を利用する人数が、1日あたり6449万人と世界でいちばん多い。移動手段のうち鉄道を利用する割合は、イギリス、ドイツ、フランス、アメリカなどでは10％以下だが、日本は27％ととても高い。都市ではとくに鉄道を利用する人が多い。人口が集中しているために、車で移動すると渋滞にまきこまれてしまうからだ。

　新宿駅は、1日に乗り降りする人の数が世界1位で、345万人にのぼる。たくさんの電車が走っているのに、日本の電車の定時運行率（時間通りに電車が着く確率）は90.3％でこちらも世界1位だ。

　新幹線は96.2％と世界でいちばん遅れないうえに、世界でいちばん事故や故障が少ない鉄道で、国の輸出産業として期待されている。フランス、ドイツ、イタリア、スペインには、時速200〜300km近いスピードの高速鉄道がある。一方、イギリスやアメリカなどには、新幹線のような電車はなく、一般の電車を一部改良した高速列車が走っている。

人は鉄道、貨物は自動車

　鉄道は、自動車や飛行機にくらべエネルギー効率の良い乗り物であり、出される二酸化炭素（CO_2）が少ない。日本では、人の移動には鉄道が使われる割合が多いが、貨物を運ぶのは自動車が多い。

　「モーダルシフト」と言って、交通手段を変えることで、消費するエネルギーを減らし、排出するCO_2（二酸化炭素）を減らす取り組みがある。1台の貨物列車で大型トラックの50〜65台分の荷物が運べる。トラック輸送の長距離の部分を鉄道や貨物船に切りかえることで、エネルギー消費をおさえ、CO_2を減らすだけでなく、ドライバーの人手不足をおぎなったり、交通量を減らす効果もある。鉄道からトラックへの積みかえがしやすいように、コンテナを工夫しているが、トラック輸送のほうが早いために、なかなかすすんでいない。

　一度にたくさんの貨物を遠くまで運べる手段に船がある。働く人1人が1年間に運ぶ量はトラックの14倍で、モーダルシフトの手段として注目されている。

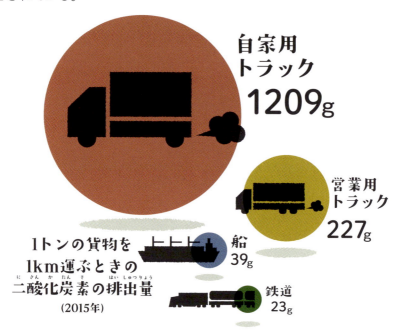

1トンの貨物を1km運ぶときの二酸化炭素の排出量（2015年）

自家用トラック 1209g
営業用トラック 227g
船 39g
鉄道 23g

教科書は
タダ？

小・中学校9年間の
教科書は無料だが、
実際(じっさい)は…

小学生1人あたり
平均3400円
かかっている。

各国の教科書制度

（2016年）

	教科書検定がある	教科書を選ぶ人・機関	教科書を無料でもらえる	教科書を無料で貸してくれる	教科書が有料
日本	●	教育委員会	●		
アメリカ		学校		●	
カナダ	●	学校 教育委員会		●	
イギリス		教師		●	
フランス		教師		●	
ドイツ	●	学校		●	
フィンランド		学校・教師		●	
韓国		国定教科書	●		
中国	●	省・県・教育行政機関など			●
台湾	●	学校			●

教科書代は、1年間に413億円

　小学生1人あたり平均で約3400円、中学生約4900円、合計で約413億円が教科書代として税金で支払われている。海外にいる子もふくめて小中学生約1018万人に、約1億冊の教科書が与えられている。

　国は、保護者に子どもに普通教育を受けさせることを法律で義務づけている。これは、おとなが守らなければならない「義務」のひとつで、「税金をおさめること」「働くこと」とあわせて国民の3大義務という。

　「義務教育」というが、子どもにとっては「権利」である。授業料は9年間無料と定められていて、教科書はそれにあわせて、国立・公立・私立の学校のすべての子どもに無料で配布されている。海外で暮らす日本国籍の子どもにも配られる。

50年前までは、教科書代を払っていた

　もともと教科書は各家庭で買うものだった。公務員の初任給（はじめてもらう給料）が1万2000円だった昭和30年代（1955年〜）に、教科書代は小学校約700円、中学校約1200円で、兄弟2人で2000円近くもして、家計への負担は大きかった。当時の母親たちは、憲法に教育を受ける権利が定められているのなら、教科書も無料にすべきだという運動を起こした。そうした国民的な運動の高まりを受けて、1964年に小学1年生の教科書が、その後徐々に全学年が無料になった。

教科書が貸し出し制の国も多い

　世界では、アメリカ、イギリス、フランスなど、教科書を貸し出す国も多い。前の学年の子どもたちが使った教科書を自分が使い、それをまた次の学年の子が使うというしくみだ。アメリカの教科書は、5〜7年間使用できるように、大きく重く、しっかりしたつくりになっている。

教科書はいくつもの出版社から発行されている

　日本では、教科書は国が直接つくるのでなく、国から許可をもらった会社がつくっている。たとえば小学校の理科は6社、中学校の理科は5社など、いくつかの出版社から刊行されている。

　教科書は、学習する内容を決めた「学習指導要領」にそってそれぞれの科目ごとにつくられる。学習指導要領は10年に1度改訂され、小学校での英語など新しい教科の導入や、何をどのくらいの時間学ぶのかを定めている。次の改訂の2020年には、小学校で新たにプログラミングの授業がはじまる。それに先駆けてもうプログラミングの授業をはじめている小学校もある。

　出版社がつくった教科書は、「検定」という国のチェックを受ける。学習指導要領にあっているかどうかを審査するのだ。その審査を通らなければ教科書として認められない。日本では、こうした検定を受けた教科書しか使ってはいけない決まりになっている。検定教科書のうちどれを使うかは、公立小学校では各市区町村の教育委員会が、国立・私立では校長が決めている。

教科書を使わなくてもいい国もある

　教科書の検定がない国もあるし、教科書の選び方は国によってちがう。たとえばフランスでは、検定がなく、出版社は自由に教科書を発行できる。学校も教科書を自由に選ぶことができ、先生はその教科書を使っても使わなくてもいい。ただ、国で決められている内容を教えていればいいのだ（28ページの表）。

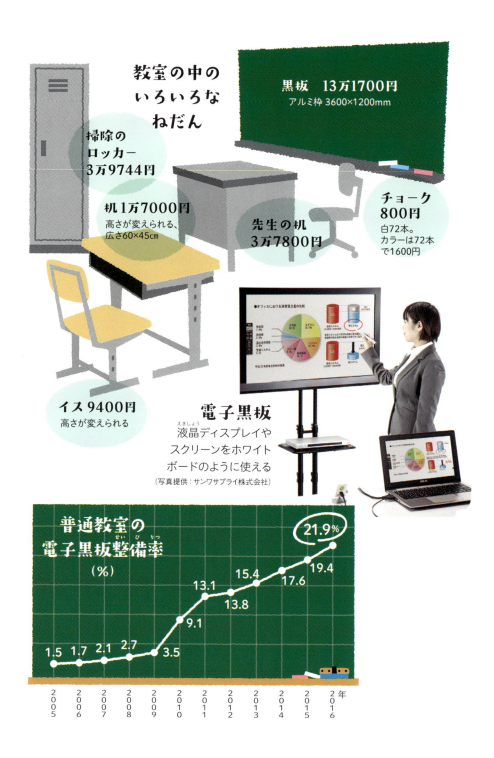

黒板は黒色ではなく緑色、そのわけは…

　黒板は、現在の学校のしくみがつくられた時期に日本にやってきた。明治5年（1872年）に、それまでの寺子屋をやめて国が管理する新しい学校のしくみが考えられた。そのとき、学校の先生を育てる学校（師範学校）で、アメリカ人の教師が「こたえを黒板に書いて、子どもたちが正解かどうか照らし合わせて、正しい子に手を上げさせる」という授業方法を紹介したのが日本における黒板のはじまりだ。

　はじめは黒板を輸入していたが、やがて国内でつくられるようになった。最初は、木の板に石粉とスス、うるしを練ったものをぬり、仕上げに柿シブがぬられた黒板だった。その後、スチール（金属板）に塗料を焼きつけた黒板が開発された。スチール製は、マグネット（磁石）がくっついて便利だったので、多くの学校で使われるようになっていった。

　「黒板」といっても、実際の色は緑色だ。黒色はチョークの白い線とのコントラストが強くて、目に負担がかかるという理由で、緑色の黒板が使われている。

普及がすすむ電子黒板

　いまでは黒板の種類もいろいろだ。窓側から見ると光が反射して見にくいので、端を少しカーブさせた黒板もある。また、鉄やアルミの表面をガラスのようにしたホーローのホワイトボードもつくられた。

　最近では、電子黒板の普及がすすんでいる。電子黒板とは、黒板がパソコンの画面のように、文字や図、写真や画像を映し出し、電子ペンで書き込むこともできるパネルのことだ。生徒がもつタブレット（コンピュータの端末）ともつながっていて、そこからの書き込みもできる。日本ではまだ少ないが（左下のグラフ）、普及率は年々増えている。いちばん普及しているのはイギリスで93％の学校で使われている（2016年）。

学校の机、いくらかな？

ホタテ貝のチョーク

　チョークは、石膏カルシウムや炭酸カルシウムを細かくくだいて棒の形にしたものだ。最近では、炭酸カルシウムを原料としたチョークが多く使われるようになっている。炭酸カルシウムは歯みがきの材料にも使われていて、原料は貝がらやサンゴ、卵のからを使っている。固くて折れにくく、粒が重くて飛び散りにくいので、「ダスト（ほこり）レスチョーク」といわれる。

　毎年20万トンもすてられているホタテの貝がらを使ってチョークをつくる会社がある。使ったあとに粉を集めて粘土にしたり、土にまぜて酸性の土の中和剤にもなる。ゴミの出ないチョークだ。

机やイスには基準がある

　日本の学校の机やイスにはJIS規格で基準が決められている。学校の机やイスは、安全でじょうぶであることはもちろん、成長する子どもの体や、学習しやすいようにつくる必要がある。1999年に変更されたJIS規格は、それ以前より机の広さが、縦横5センチずつ広くなり、高さを調整できるイスや机も取り入れられた。

　日本では、ひとりにひとつずつ机があるのがあたりまえだが、世界では、自分の席が決まっていない国も多く、丸いテーブルをかこんですわる学校もある。また、机のない学校で学ぶ子どもたちもいる。

国立大学の授業料は、いくらする？

国立大学の学費

53万5800円（2017年度）

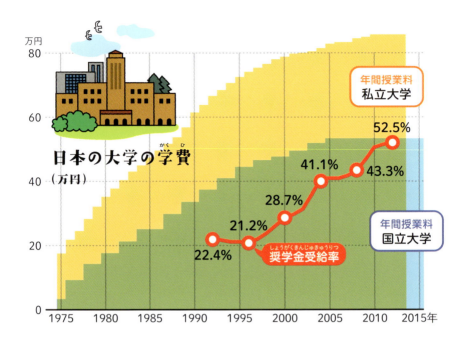

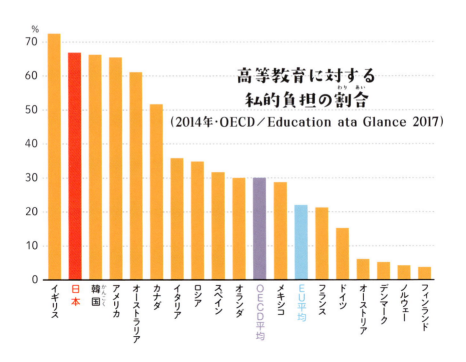

先進国の半分は大学の授業料が無料

　世界には、学費を全部国が負担してくれる国がある。フランスの国立大学は入学金もなく、授業料は無料。ドイツの州立大学も入学金がなく授業料も無料で、経済協力開発機構（OECD）加盟30か国のうち、26か国は高校の授業料が無料、14か国は大学の授業料が無料だ。日本は、教育費のうち家計からの支出の割合がとても高く、とくに大学などの高等教育に対する公的支出はほかの国とくらべてとても少ない（左下のグラフ）。

　日本は、国連の国際規約のなかにある高校や大学を無料にする条項を認め、だんだん無料にしていくことを国際的に約束しているが、いまだに日本の大学の授業料は高くなる一方だ（左上のグラフ）。

大学を卒業するときには、
400万円をこえる借金

　親の経済状況が悪化していて、日本の大学生の半分以上が何らかの奨学金を受けている。その約8割は日本学生支援機構の奨学金で、給付（もらえる）型の制度はなく、すべて貸与（借りる）型だ。その半分以上は利子がつくタイプで、大学卒業後に借りた奨学金以上のお金を返さなければならない。たとえば、月に8万円（利子付）の奨学金を4年間借りると、卒業と同時に約435万円の借金をかかえることになり、これを20年かけて返していかなければならない。

　政府は所得の低い家庭の大学生などに、返さなくてもいい「給付型奨学金」の制度をつくり、2018年度から月2万〜4万円の給付をはじめることにしている。しかし、現在奨学金を借りている学生はすでに約132万人もいて、返済できない学生が急増している。35歳までの半分が「非正規雇用」（46ページ）で賃金が低いことが、返済できない主な原因だと言われている。そういう人たちへの経済的援助も急がれる。

国立大学の授業料、いくらする？　37

インターネットで大学の授業が受けられる

　2011年、スタンフォード大学の授業に16万人が参加した。インターネットを通して世界中の人が受講したのだ。現在、多くの大学でインターネット授業が配信されている。インターネットさえあれば、入学試験を受けなくても、外国にいても、お金がなくても、いつでも大学の授業が受けられる。単独の授業だけでなく、ひとつの分野を集中して学ぶコースもある。終了証が発行されることもある。

　また、インターネットを使った通信制の大学がある。実際の大学に通うよりも安く通学でき、アメリカではオンライン大学のランキングがあるほど増えている。

　どこで学んだかではなく、何を学んで何を身につけたのかが大切で、集まって学ぶ今の大学の形は減っていくと予測する人もいる。

 ## 小学生もインターネットで勉強できる

　インドの「カーン・アカデミー」は、世界で1000万人がアクセスする、インターネットのなかにある無料の学校だ。かけ算、ひき算などのやさしい内容から、大学で学ぶ専門的な内容の3600のビデオの授業で、数学、科学、コンピュータ科学、生物学、物理学、金融、歴史などの科目がある。アラビア語、ヒンドゥー語、スワヒリ語、トルコ語などにも翻訳されている。一部の授業だけだが、日本語もある。

　日本にも小・中・高校の内容の授業を無料で公開しているNPOがある。学校へ行っていなかったり、勉強がわからなくなったとき、もっとくわしく知りたくなったとき、そしておとなが勉強をやり直したくなったとき、インターネットさえあれば同じ授業をどこからでも受けられる。

> ノーベル賞の賞金、いくらかな？

ひとつの賞で 約1億円(おく)
2人で受賞すると、半分ずつ

ノーベル賞のメダル、
賞金は800万スウェーデンクローナ。
1スウェーデンクローナは13.59円（2017年）

ノーベル賞の国別受賞者数
（1〜10位・人）

- アメリカ 338人
- イギリス 115
- ドイツ 82
- フランス 59
- スウェーデン 32
- スイス 27
- 日本 25
- ロシア 25
- オランダ 17
- イタリア 14
- カナダ 14

ノーベル賞の授賞式、ストックホルム（スウェーデン）。

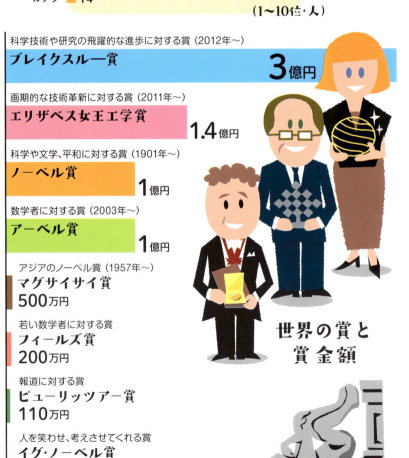

世界の賞と賞金額

科学技術や研究の飛躍的な進歩に対する賞（2012年〜）
ブレイクスルー賞 3億円

画期的な技術革新に対する賞（2011年〜）
エリザベス女王工学賞 1.4億円

科学や文学、平和に対する賞（1901年〜）
ノーベル賞 1億円

数学者に対する賞（2003年〜）
アーベル賞 1億円

アジアのノーベル賞（1957年〜）
マグサイサイ賞 500万円

若い数学者に対する賞
フィールズ賞 200万円

報道に対する賞
ピューリッツアー賞 110万円

人を笑わせ、考えさせてくれる賞
イグ・ノーベル賞 0円

ダイナマイトの発明者の遺産

　ノーベル賞は、1896年に亡くなったアルフレッド・ノーベルの遺言によってつくられた。ノーベルは、ダイナマイトを発明し、亡くなるときには世界20か国に93のダイナマイト工場をもち、355の特許があり、3300万クローナ（約4億5000万円）の遺産を残した。その95％を資金として、その金利を5つに分けて、物理学、化学、生理学、文学、平和の分野に貢献した人に分配するよう遺言を残した。遺言には、「候補者の国籍は一切考慮されてはならず、もっともふさわしい人物が受賞しなくてはならないというのが、私の特に明示する希望である」と記されている。

　1901年、遺言どおりにノーベル賞が発表され、初めて世界中の人を対象にした賞が生まれた。ノーベルの遺産はノーベル財団で管理している。賞金や財団の職員11人の給料、授賞式の費用、選考の経費などは、その資産の金利や運用したお金から支払われる。賞金は、1000万クローナだったが、2012年に800万クローナに変更された。

日本人の受賞者は25人で世界7位

　日本人で初めてノーベル賞を受賞したのは、物理学者の湯川秀樹だ。原子に中間子があることを予想した功績で、1949年に物理学賞を受賞した。

　2015年、大村智は寄生虫の治療薬を開発して医学生理学賞を受賞した。新しい薬をつくるまでには、たくさんのお金がかかっている。このお金を回収できなければ、製薬会社は経営できなくなってしまう。しかし薬代が高額だと、本当に必要な人たちは買うことができない。この薬は、大村博士らが治療薬の特許料の権利を放棄したので、1987年にメルク社が無償提供を開始した。

　日本は、これまでにあわせて25人が受賞している。世界でもっとも多く受賞しているのは、アメリカで、イギリス、ドイツ、フランスとつづき、日本は7位だ（左上のグラフ）だ。

ノーベル賞の賞金、いくらかな？　41

人を笑わせる、変わった研究に贈られる賞

　世界にはさまざまな賞があるが、2011年、2012年と多額の賞金が与えられる新しい賞ができている (40ページ下のグラフ)。

　イグ・ノーベル賞はノーベル賞のパロディというおもしろい賞だ。1991年に「ユーモア科学研究ジャーナル」という雑誌の編集者であるマーク・エイブラハムズ氏がつくった。賞金もなく授賞式の交通費も出ない。ハーバード大学やマサチューセッツ工科大学の教授らが書類選考していて、「ちょっと変わった研究」「人を笑わせる研究」「考えさせられる！」、そんな開発や研究が選ばれる。生物学賞・物理学賞・学術的研究賞・平和賞・化学賞・数学賞・文学賞・衛生賞・経済賞・薬学賞などがあり、受賞者には賞状とトロフィーが贈られる。授賞式の条件は、聞く人を笑わせるスピーチをすることだ。

イグ・ノーベル賞
日本人はこんな研究で受賞している

2016年　知覚賞
●東山篤規（立命館大学教授）
　足立浩平（大阪大学教授）
両足の間から顔を出してさかさまに物を見る「股のぞき」により、視覚に変化が生じることをつきとめた。

2014年　物理学賞
●馬渕清資（北里大学教授）
バナナの皮はほんとうにすべりやすいのかを研究。

2003年　化学賞
●廣瀬幸雄（金沢大学教授）
「ハトに嫌われた銅像の科学的考察」兼六園（石川県）のなかにある銅像にハトがよりつかないことに興味をもち、その原因を調べてハトよけの合金を開発した。

2013年　化学賞
●今井真介
（ハウス食品ソマティックセンター）
タマネギを切ると涙が出る、その成分をつくる酵素を発見。

最低賃金って、知ってる?

1時間の労働(ろうどう)にたいして
「最低でもこれだけの
お金を払(はら)いなさい」
という決まりがある

北海道は 1時間 810円
東京は 1時間 958円
沖縄(おきなわ)は 1時間 737円
(2017年10月改定)

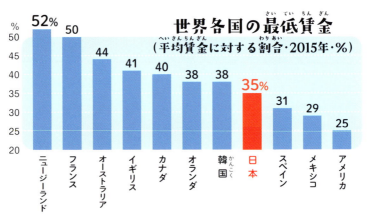

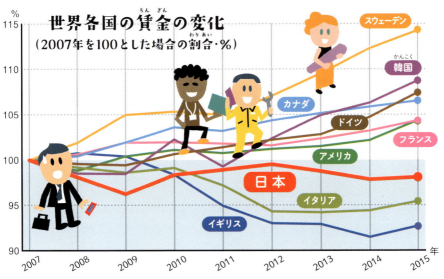

都道府県ごとに最低賃金が決められている

1時間働いたら最低でもこれだけはもらえるという金額を「最低賃金」といい、金額は「最低賃金法」という法律で国が決めている。物価など、地域によって生活の条件がちがうので、金額は都道府県ごとに定められている。また、北海道の乳製品製造業、愛知県の自動車産業など33の地域産業の最低賃金をそれぞれ決めている。

この金額より低く支払っている会社には、罰が与えられる。この法律は正社員だけでなく、アルバイトや派遣社員、外国人労働者など、すべての働く人に適用される。もし、北海道で1時間働いて750円しか支払われなかったら、最低賃金との差額60円を会社に要求できる。

また、働く人と使用者はかならず、時間や賃金などの条件を決めて約束（労働契約）を結ばなければならない。1日に働く時間や休憩時間、休日などは「労働基準法」という法律で定められている※。安い賃金や悪い労働条件で働かせないように、働く人を守るための法律だ。

働くルールを守ることが、病気や事故をふせぐ

日本では、「休日や休憩がない」、「残業代が支払われない」など、いわゆる「ブラック企業」が問題になっているが、働くときは、労働者を守る法律があること、そして弁護士や労働基準監督署に相談できることを知っておくといい。労働基準監督署は、労働法違反にかんする「警察」のような役割をしている。

労働条件を守ることは、働く人の生活や健康を守るためであり、また劣悪な労働条件は病気や事故の原因になる。雇っている側がルールを守ることはもちろん、働く側も知識をもって会社と話しあうことが大切だ。

※働く時間は1日8時間(週40時間)が基本で、休憩は6時間を超えて働いたら45分、8時間で1時間とることが労働基準法で定められている。

最低賃金って、知ってる？　45

非正規雇用では暮らせない

　最低賃金は、それ以下の賃金では暮らしていけないという最低限の基準で、日本はほかの先進国とくらべると、とても低い（44ページ上のグラフ）。
　数年前まで、生活保護（2巻参照）の支給額よりも最低賃金のほうが低かったこともあって、定期的に見直しが行われている。それでも最低賃金は日本の労働者の平均収入よりずっと低い。
　日本では、貧困家庭が増え、格差が拡大している。その原因のひとつに、「非正規雇用」の増加がある。非正規雇用というのは、アルバイト、パート、派遣社員などの正社員ではない働き方だ。EUでは、「同一労働同一賃金」が会社に義務付けられていて、同じ仕事ならば、働く時間が短くても同じ賃金がもらえる。日本の民間企業の平均年収（2016年）は、正規雇用487万円、非正規雇用は172万円で、その差は315万円。この差は4年連続で大きくなり、過去最大となった※。
　また介護や保育の現場では、正社員でも最低賃金しかもらえないというケースも増えている。同一賃金同一労働が実現されても、低いほうに合わせるのでは意味がない。
　また日本は、長時間はたらく人が多い（下のグラフ）。働きすぎによる心臓や脳の病気で1年に1000人をこえる人が亡くなっている。日本語の「過労死」は「KAROSHI」という英語になっているほどだ。

※平成28年分民間給与実態統計調査

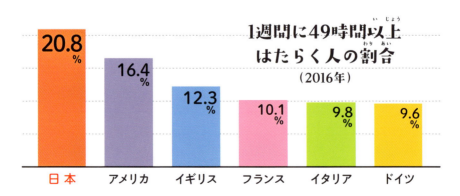

1週間に49時間以上はたらく人の割合（2016年）

日本 20.8%　アメリカ 16.4%　イギリス 12.3%　フランス 10.1%　イタリア 9.8%　ドイツ 9.6%

選挙で使われる税金はいくら？

衆議院議員
1人
1億1819万円

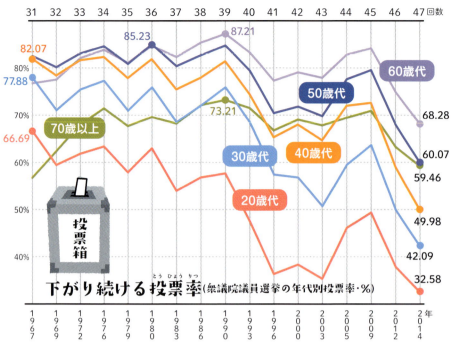

下がり続ける投票率(衆議院議員選挙の年代別投票率・%)

立候補に必要なお金と没収の基準

	金額	得票がこれ以下だと没収される基準
日本	300万円	有効投票の10%
イギリス	約8万円	小選挙区制で5%
カナダ	約7万円	小選挙区制で10%
韓国	約150万円	小選挙区制で10%
オーストラリア（下院）	約9万円	1位票の4%
インド	約2万5000円	投票数の6分の1
ニュージーランド	約1万5000円	投票数の5%
アメリカ	なし	
フランス	なし	
ドイツ	なし	
イタリア	なし	

衆議院議員選挙は、1回に561億円もかかる

　第47回衆議院議員選挙（2014年）の場合、選挙のために使われた税金は、561億4300万円。その選挙で、475人の国会議員が選ばれたので、国会議員一人選ぶのに1億2000万近い税金が使われたことになる。これだけのお金が使われているのに、投票率は下がる一方だ（左上のグラフ）。

　投票率が低いとたくさんのお金がムダになる。たとえば、投票用紙だけでも、投票率が6割の場合、4割の投票用紙約4000万枚がすてられ、約1億円の税金がムダに使われた計算になる。

　選挙の総費用561億円の9割＝524億6000万円は、運営委託費として各都道府県にわたされる。そして、実際の選挙の運営は、都道府県や市区町村などの自治体がおこなう。まず、選挙が決まると、投票権のある18歳以上の国民に事前に投票所入場券を送る。投票するための投票用紙の印刷や投票箱の準備、投票所の運営や開票作業は各自治体がおこなう。たとえば、投票用紙はすぐにひらくことのできる特別な紙で印刷しているが、各自治体ごとに印刷会社がちがうので、ねだんや文字の種類などはまちまちだ。印刷枚数も有権者の9割の枚数を印刷する県、多めに印刷する県など自治体によってちがう。

得票数が少ないと公的な補助は受け取れない

　また、立候補者のポスターやチラシ、選挙カーのレンタル料、運転手の費用、ガソリン代、選挙事務所や演説会場などの使用料・看板代、有権者に送るハガキの印刷代などは、一定の額まで公的な運営委託費から支払われる。これは「公費負担制度」と言って、選挙運動費用の一部を税金で負担して、お金がなくても立候補できるようにという趣旨ではじまったものだ。ただ、一定の得票数に満たない（衆議院選挙の場合には、有効投票数の10％以下）立候補者には支払われない。

選挙に使われる税金はいくら？　49

投票しないと罰金をとられる国もある

　いまのようにすべての国民に1票ずつ選挙権が与えられたのは、終戦直後の1945年のことだ。それまでは、お金持ちや男性だけにかぎられていた。世界中で「女性や庶民にも選挙権を」という運動が起こり、現在のような選挙制度が各国で実現した。

　2016年には、18歳から投票できるようになったが（それまでは20歳から）、その年の参議院議員選挙では全体の投票率が54.7%だったの対して、18歳51.17%、19歳39.66%、と全体より投票率が低かった。選挙は国の方針を決める会議のメンバーを選ぶ大切な機会だから、投票しないということは、他人が選んだ人に国の運営をゆだねていることになる。そして、その結果として起こることには、「投票しなかった責任」がある。投票は国民の権利であると同時に義務でもあるのだ。

　オーストラリア、ルクセンブルグ、ベルギーでは、投票しないと罰金をとられたり、選挙権をとりあげられるなどの規則がある。それらの国では、投票率が90%を超えている。

立候補するためには300万円が必要

　日本では、衆議院議員に立候補したいと思ったら、まず法務局に300万円をあずけなければならない（供託金）。選挙が終わるとお金は返されるが、選挙で得た票が有効投票の10%に満たないと、全額没収されてしまう。金額や没収の基準は、参議院議員、知事など選挙ごとにちがう。国によってもちがうし、アメリカ、フランス、ドイツ、イタリアなど供託金制度のない国もある（48ページ下の表）。アメリカやフランスは、本当に立候補をしたい人だけが立候補できるように、お金ではなく署名を一定数集めると立候補を認めるというしくみをつくっている。

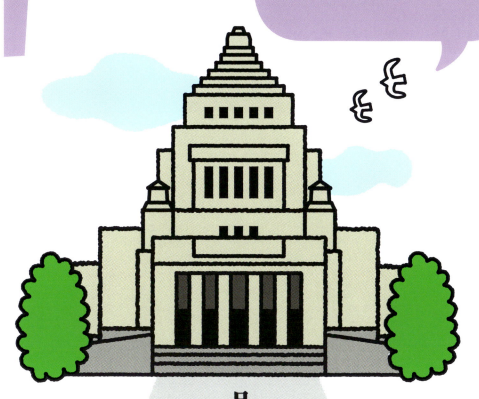

国会議員って、いくらもらえるの？

月
129万4000円
年収
約2200万円

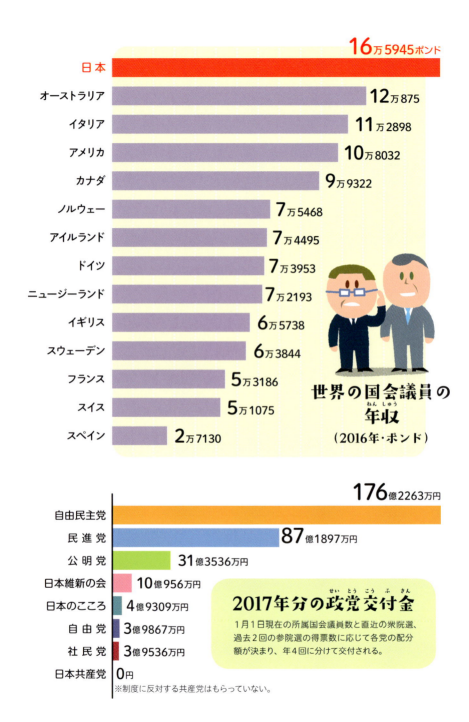

世界の国会議員の年収（2016年・ポンド）

国	年収
日本	16万5945ポンド
オーストラリア	12万875
イタリア	11万2898
アメリカ	10万8032
カナダ	9万9322
ノルウェー	7万5468
アイルランド	7万4495
ドイツ	7万3953
ニュージーランド	7万2193
イギリス	6万5738
スウェーデン	6万3844
フランス	5万3186
スイス	5万1075
スペイン	2万7130

2017年分の政党交付金

自由民主党	176億2263万円
民進党	87億1897万円
公明党	31億3536万円
日本維新の会	10億956万円
日本のこころ	4億9309万円
自由党	3億9867万円
社民党	3億9536万円
日本共産党	0円

1月1日現在の所属国会議員数と直近の衆院選、過去2回の参院選の得票数に応じて各党の配分額が決まり、年4回に分けて交付される。

※制度に反対する共産党はもらっていない。

給料のほかにもいろいろもらえる

　国会議員の給料は、月に129万4000円、期末手当635万円、あわせて1年間に2200万円で、先進国のなかでもっとも高い（左上のグラフ）。国会議員の平均年齢は53歳だが、日本人の50代前半男性の平均給料は649万円である。ほかに、国会議員の仕事に必要な経費として「文書交通滞在費」が月100万円、JRはグリーン車もふくめて無料となる。3人分の秘書の給料も国から支払われる。

　政党には、国民1人あたり250円、それに人口をかけた総額約318億円（2017年）が政党交付金として支給されている。総額を選挙で得た票数と国会での議席の割合でそれぞれの政党に分配している（左下のグラフ）。これも、先進国でもっとも高い（下のグラフ）。

　また立法事務費として議員個人ではないが、所属する会派の議員1人に月65万円支給される。

　各議員に支給されたお金は、東京と当選した選挙区のある地元、両方を行き来する交通費、地元の事務所の家賃や電気代、公設秘書以外の秘書などの人件費、自分の考えや活動を知らせるための機関紙やチラシの印刷代などに使われる。そして、選挙になると、選挙事務所を借りたり、新しくスタッフを何人も雇うなど、さらにお金が必要となる。

　また、個人や団体からの寄付、パーティーの会費など、党や個人を支持・支援する人からお金を集め、政治資金としている。政治家が公正さにかけることのないように、政治資金規正法で、お金の収支を報告することが義務づけられている。

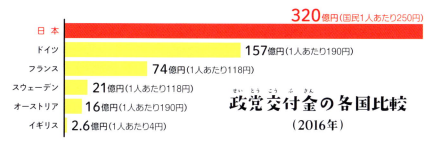

政党交付金の各国比較（2016年）

日本	320億円（国民1人あたり250円）
ドイツ	157億円（1人あたり190円）
フランス	74億円（1人あたり118円）
スウェーデン	21億円（1人あたり118円）
オーストリア	16億円（1人あたり190円）
イギリス	2.6億円（1人あたり4円）

日本の国会議員の女性の割合は世界142位

　日本の国会議員の女性割合は、世界のなかでも低く191か国中142位だ。世界の100カ国以上では、女性の割合を増やす取り組み「クオータ制」(割当制)を採用している。

　フランスは2000年に政党に候補者を男女同数にするように義務づけたパリテ法を施行した。「パリテ」は男女同数や同等を意味するフランス語で、意思決定に男女が平等に参画する男女同数原則のことで、現在のフランスの閣僚は男女同数だ。2015年カナダの首相も男女同数の閣僚を指名した。

　日本では議員が妊娠すると批判がおこることがあるが、同じ党の議員が代役できたり、議場に授乳できる場所がある国もある。

　日本は、2020年までに指導的地位にある女性の割合を30％以上まで引き上げるという目標をたてているが、クオータ制などの具体的な法はつくられていない。

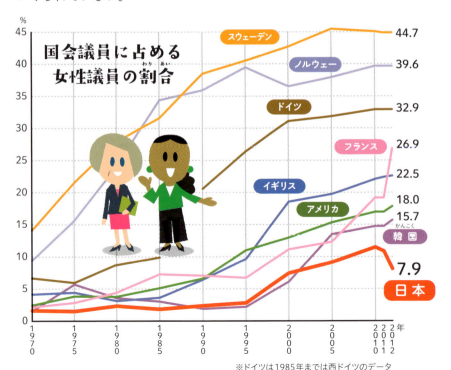

※ドイツは1985年までは西ドイツのデータ

出典と参考文献

3p.　卵1個、いくらか知ってる？
- ◉ うどん・そばと卵の価格推移
  社会実情データ図録　http://www2.ttcn.ne.jp/honkawa/4702.html
- ◉ 日本養鶏協会　http://www.jpa.or.jp/tokei/pdf/jyousei_170203.pdf
- ◉『たまご大事典 改訂版』＜Ⅰ・O BOOKS＞高木伸一 著　工学社 /2014

7p.　ビックマック、いくらかな？
- ◉ ビッグマックのねだん　http://www.economist.com/content/big-mac-index
- ◉ 牛肉をたくさん食べる国
  http://beef2live.com/story-world-beef-consumption-per-capita-ranking-countries-0-111634

11p.　犬や猫を飼うのにいくらかかる？
- ◉ ペットにかける年間支出調査(2016年)
  https://www.anicom-sompo.co.jp/news/2016/news_0170322.html
- ◉ 飼われている犬や猫の数
  平成28年 全国犬猫飼育実態調査　http://www.petfood.or.jp/data/chart2016/2.pdf
- ◉ 長くなった犬や猫の平均寿命　日経新聞
  https：//www.nikkei.com/article/DGXLASDG14H1M_U6A910C1000000/
- ◉ 災害時における救護救援ガイド
  http://www.env.go.jp/nature/dobutsu/aigo/2_data/pamph/h2506.html

15p.　携帯電話の電波は、いくら？
- ◉ 電波利用料額表　http://www.tele.soumu.go.jp/resource/j/fees/sum/money_h2910.pdf
- ◉ 通信費の割合　http://www2.ttcn.ne.jp/honkawa/6366.html
- ◉ スマートフォンを何に使っているか　http://jp.techcrunch.com/2017/05/12/app-annie/
- ◉ 情報通信白書　http://www.soumu.go.jp/johotsusintokei/whitepaper/

19p.　道路1キロつくるのに、いくらかかる？
- ◉ 東京外かく環状道路 (国土交通省)
  http://www.ktr.mlit.go.jp/ktr_content/content/000082482.pdf
- ◉ 網の目のように日本全国に高速道路ができている
  http://www.mlit.go.jp/road/sisaku/dorogyousei/0.pdf
- ◉ 国土交通省キッズコーナー　http://www.thr.mlit.go.jp/akita/jimusyo/08-kids/main.html

23p.　電車1両、いくらする？
- ◉ 国土交通省　http://www.mlit.go.jp/tetudo/shinkansen/shinkansen6_QandA.html
- ◉ 新幹線の東京〜大阪間の最短時間の変化
  http://www.nippon.com/ja/features/h00078/
- ◉ 世界の高速鉄道の最高速度ランキング
  http://toyokeizai.net/articles/-/105416?page=2

- ◉ 国土交通省「鉄道輸送統計年報」 http://www.mlit.go.jp/k-toukei/
  北海道新幹線開業1年のご利用状況について
- ◉ 輸送量当たりの二酸化炭素排出量　国土交通省
  http://www.mlit.go.jp/sogoseisaku/environment/sosei_environment_tk_000007.html

27p. 教科書はタダ？
- ◉ http://www.mext.go.jp/a_menu/shotou/kyoukasho/main3_a2.htm
- ◉ 国別教科書制度　https://www.nier.go.jp/seika_kaihatsu_2/risu-2-201_seidohikaku.pdf
- ◉ 教育指標の国際比較　http://www.mext.go.jp/b_menu/toukei/data/kokusai/

31p. 学校の机、いくらかな？
- http://www.gakkoubihin.com/products/normalclass/tsukue-chosei
- ◉ 電子黒板普及率
  http://www.mext.go.jp/component/a_menu/education/micro_detail/__icsFiles/
  afieldfile/2016/10/13/1376818_1.pdf

35p. 国立大学の授業料、いくらする？
- ◉ 奨学金受給率　学生生活調査
  http://www.jasso.go.jp/about/statistics/gakusei_chosa/index.html
- ◉ 年間授業料　年次統計
  http://nenji-toukei.com/n/kiji/10037/

39p. ノーベル賞の賞金、いくらかな？
- ◉ 受賞者数　http://www.nobelprize.org/nobel_organizations/nobelfoundation/index.html
- ◉ イグノーベル賞　http://www.improbable.com/

43p. 最低賃金って、知ってる？
- ◉ http://www.mhlw.go.jp/stf/seisakunitsuite/bunya/koyou_roudou/roudoukijun/
  minimumichiran/index.html
- ◉ 各国の最低賃金　http://www.oecd-ilibrary.org/employment/data/earnings/
  minimum-wages-relative-to-median-wages_data-00313-en
- ◉ 各国の賃金の変化　東京新聞2017年2月12日
- ◉ 非正規労働者の割合　http://www2.ttcn.ne.jp/honkawa/3240.html
- ◉ 49時間以上働く人の割合
  データブック国際労働比較2017
  http://www.jil.go.jp/kokunai/statistics/databook/2017/ch6.html

47p. 選挙に使われる税金はいくら？
- ◉ 行政ビューシート　http://www.soumu.go.jp/main_content/000375634.pdf
- ◉ 投票率の推移　http://www.akaruisenkyo.or.jp/070various/071syugi/693/
- ◉ 供託金　https://kyoutakukin.jimdo.com/

51p. 国会議員って、いくらもらえるの？
- ◉ 世界の国会議員の年収／政党交付金の各国比較
  http://www.soumu.go.jp/senkyo/seiji_s/naruhodo02.html
- ◉ 2017年の政党交付金　https://seijiyama.jp/article/news/nws20130520-003.html
- ◉ 国会議員に占める女性の割合　http://www.gender.go.jp/index.html

編者　藤田千枝

大学理学部卒。児童向けの科学の本、環境の本を翻訳、著述。科学読物研究会会員、著書に「くらべてわかる世界地図」シリーズ、訳書に「化学の物語」シリーズ（ともに大月書店）、「実物大恐竜図鑑」（小峰書店）、「フリズル先生のマジックスクールバス」シリーズ（岩波書店）「まほうのコップ」（福音館書店）ほか多数。

各巻の執筆者

① 新美景子　② 坂口美佳子
③ 菅原由美子　④ 増本裕江
⑤ 新美景子・鈴木有子　⑥ 菅原由美子

くらしと教育のねだん

2017年10月23日　第1刷発行
2024年 3月25日　第5刷発行

編　者　　藤田千枝
執筆者　　菅原由美子
発行者　　中川　進
発行所　　株式会社 大月書店
　　　　　〒113-0033 東京都文京区本郷 2-27-16
　　　　　電話（代表）03-3813-4651　FAX 03-3813-4656
　　　　　振替 00130-7-16387
　　　　　http://www.otsukishoten.co.jp/

デザイン・イラスト・DTP　なかねひかり
印　刷　　光陽メディア
製　本　　ブロケード

ⓒ 2017 Fujita Chie
ISBN 978-4-272-40963-1 C8333　Printed in Japan
定価はカバーに表示してあります。
本書の内容の一部あるいは全部を無断で複写複製（コピー）することは法律で認められた場合を除き、著作者および出版社の権利の侵害となりますので、その場合にはあらかじめ小社あて許諾を求めてください。